# 손전화는 꺼져 있었다

# 손전화는 꺼져 있었다

조현광

현대시학시인선 089

**조현광**
1963년 안성 출생
국립한경대학교 미디어문예창작과 졸
2013년 월간 《신문예》 등단
현) 안성시청 징수과장
동인지 『서울시인들』 『시인들의 외출 1, 2』
(사)한국문인협회 회원, (사)한국현대시인협회 회원
안성문인협회 부지부장, 한국미소문학 부주간

c-k63@hanmail.net

■ 시인의 말

남의 집 주변 맴돌다

집 한 칸 마련한 듯 마음이 고요하다.

가구는 남루하고 초라할지라도

아늑하고 행복한 공간인 것을 어쩌랴

밀어 올린 책 한 권

아지랑이 피어나는 봄날

민들레 홀씨로 날고 싶다.

**차례**

■ 시인의 말


## 1부

| | |
|---|---|
| 그림자 | 12 |
| 아기 낳는 남자 | 14 |
| 알츠하이머 | 15 |
| 위생 물수건 | 16 |
| 비의 아리아 | 18 |
| 가을 벚나무 | 20 |
| 트리하우스 | 22 |
| 가을 참 잘 익었다 | 24 |
| 그대는 여전히 꽃이다 | 25 |
| 저녁 바다 | 26 |
| 가을, 묵직하다 | 28 |
| 고향의 여름을 만지고 싶다 | 30 |
| 그녀의 선물 | 32 |
| 끝 집 | 34 |

## 2부

| | |
|---|---:|
| 낮달 | 38 |
| 누가 내 설렁줄을 흔드는가 | 40 |
| 대합실待合室 | 42 |
| 덫을 놓다 | 44 |
| 돌탑 | 46 |
| 들판을 적시는 강물처럼 | 48 |
| 민들레 집 | 50 |
| 바람 길 | 52 |
| 바람 뒤에는 그 무엇이 있다 | 53 |
| 봄날의 만찬 | 54 |
| 봄에 듣는 소리 | 55 |
| 여인의 담장 | 56 |
| 은행나무 가로수 | 58 |
| 눈 내리는 날 그대 없는 길에서 | 60 |
| 애야 꽃 떨어질라 | 62 |
| 넥타이 | 64 |

## 3부

| | |
|---|---|
| 바람이 수상하다 | 68 |
| 복수초 | 70 |
| 봄을 캐다 | 72 |
| 불면不眠 | 73 |
| 비바람은 지나가겠지만 | 74 |
| 빈 손 | 76 |
| 쇠기러기 한 마리 | 77 |
| 빈집 | 78 |
| 사과꽃 | 80 |
| 생각해 보면 | 82 |
| 섬초롱꽃 | 84 |
| 성모마리아 | 86 |
| 손전화는 꺼져 있었다 | 88 |
| 쑥 향기 | 90 |
| 청룡호수 | 91 |

## 4부

| | |
|---|---|
| 열꽃 | 94 |
| 열대야 | 96 |
| 옛것에 대하여 | 98 |
| 오늘 눈 뜨면 | 100 |
| 오월에 만났으니 | 102 |
| 온통 붉다 | 104 |
| 우수雨水 지나고 | 106 |
| 음악다방에서 | 108 |
| 제비꽃 | 110 |
| 창진산장 | 112 |
| 축령산의 봄 | 114 |
| 카페 산타나의 저녁 | 116 |
| 풍경소리 그쳤는데 | 118 |
| 홀과 짝 | 120 |
| 지면패랭이꽃 | 122 |

**■ 해설**

아날로그적 서정과 온전한 사랑에의 갈망 | 고명수

1부

## 그림자

하얀 시트 위의 환자

이름표 매달고 누운 병실은 어두웠다

링거 줄에 묶인 채 어두운 그림자가 누워 있다

느리게 떨어지는 링거액에 생명줄을 걸고 있는

저 그림자

젊은 날 한때는

푸른 활엽수처럼 수액이 넘쳤지만

웃고 있는 그 날의 초상화가 낯설다

창문에 비친 햇살 한 점

시트 위에 누운 젊은 날의 주머니를 뒤적이며

구겨진 행로를 꺼내 보이지만

읽히지 않는 젊은 날의 기행

느린 숨소리 같은 링거액이 멎고

그림자 위에 하얀 시트가 덮이자

그의 전 생도 덮이었다

창문에 검은 커튼이 쳐졌다

나는 시트 옆 주인 잃은 링거줄을 잡으며

그림자의 전생前生을 생각했다

그가 남긴 생애의 책장이 너무 가볍다

# 아기 낳는 남자

옥산 뜰에 향긋한 가을바람이 분다, 허기진 새 떼들 간이역처럼 쉬어가고 중심 잃은 허수아비 기우뚱 웃음 짓는 옥산 뜰, 가을걷이 소리 풍성하다, 저기 바람 닮은 남자 옥산 뜰에서 땀방울로 낳아 기른 아이들 업고 오신다, 그분 내가 감당할 수 없는 옹골진 힘줄 그 힘의 유전자가 등짐에 업혀 오다, 신사복 한 벌 입지 않고 향수 한 번 뿌리지 않던 구겨진 바지와 구멍 난 양말의 일상이었지만 옥산 뜰 누비실 때마다 행복했다는 남자, 그믐밤에도 훤한 옥산 뜰 볏단을 지고 대문을 들어서던 헛기침 소리와 지게가 그의 평생 외출복이었는지, 옥산 뜰 나가시면 신이 나서 흥얼거리는 옥산뜰 슬하의 자식들, 옥산 뜰에서 대대로 머리카락이 센 아버지의 아버지 그 아들이 져다 놓은 필생畢生의 장엄莊嚴, 낟가리에서 아장아장 햇살이 놀고 있다

## 알츠하이머

잠든 사이 다람쥐가 찾아 와

숨겨 놓았을까

태어난 시를 잊고

살아 온 길이 끊기고

어디로 가는지도 모른 채

보따리 하나 따라나선다

이름도 알지 못하는 아이처럼

멈춰선 교통신호기 같다

안성천 물길 푸르던 때

저 들판 일꾼들에게

새참 국수 이고 나르던 기억마저

저무는 어느 낯선 사거리쯤에

두고 떠나 왔는지

검버섯 핀 주름진 손등만큼

에움길 많던 세월이 싫어

그림자마저 하얗게 지운 아픈 몸이다

## 위생 물수건

온몸을 적시고 목욕재계 후에도
정갈은 나의 좌우명
물기 없는 것은 죽은 것
언제나 무균으로 부활해야 한다
때로는 따뜻하게 덥히거나 시원한 몸으로
그들의 기호에 맞게 단장해야 한다
가끔은 탁자에 흘린 얼룩을 닦는 알바도 하고
바닥에 떨어지면 밟히기도 하는 비정규직 노동자이다
노동의 대가는 늘 저임금이고
서비스로 던져지는 몸이라 사례도 없다
그들은 얼굴을 닦고 온몸을 비틀기도 했다
그들이 내 입술과 몸을 탐할 때마다
내 온몸에는 소름이 돋는데
쓰고는 냅다 버려진다 더 이상 쓸모없다는 듯
내 온몸이 축축한 것은 나의 눈물인 것을
그들은 누구도 눈치채지 못한다

낯선 손길을 기다리며 젖은 몸으로

소나가찌* 거리의 여인처럼 살아가는 그녀는

매일 낯선 손님을 낮익게 맞이해야 한다

*인도의 매춘 거리.

# 비의 아리아

음악이 흐르는 듯

악보를 따라 하나씩 튕겨 내는 건반

저 소리는 누군가 우산도 없이 지났던

젖은 길의 흔적을 지우며

유화물감 붓을 들어

풍경을 빗금으로 덧칠하고 있다

달콤한 칡꽃 향기가

비바람에 실려 흩날리고

비

소

리

절정을 향해 옥타브를 높혀갈 때

에스프레소 커피 같은 그대 향기 떠올라

커피에 얹은 아이스크림처럼

내 가슴에 녹아드는 목소리

불빛 속으로 쏟아지는

그대가 불러주는 비의 아리아

# 가을 벚나무

아름드리 벚나무 가로수
기우뚱 옹이를 안고 서 있다

바람 불 때마다
밀물처럼 다가오는 통증

꽃도 열매도 버리고
단풍 물드는 이파리들
마디마디 녹물이 번져 간다

병원 문에 기대어 잠시 서 있는 그녀
길 건너 벚나무 응시하다
눈시울이 붉어진다
쉰을 지나 넘어 온 먼 길
마디마다 도사린 관절염은
처방전을 나뭇잎처럼 매달고 있다

가야 할 길은 먼데

옷깃을 당기는 그녀의 관절들

기울어진 가로수만큼

같은 위도에서 기울어진 어깨

낡은 구두 뒷굽은 벌써 알았다는 듯

그렇게 닳아가고 있다

## 트리하우스


바람에 흔들리는 아카시나무 우듬지에
허름한 집 한 채 누가 분양받았는지
비바람 맞으며
방음도 되지 않는 트리하우스

어쩌면 지상에는 집 지을 땅 한 평 없어
지구의 한쪽 높은 허공을 택했을지도 모른다
집 한 채 짓는 일은 쉽지 않을 터
세상 어디든 집 한 채 마련할 수 있다면
흔들리는 집이라도 넉넉하겠다

옆방에 세 들어 살던 유미 엄마
오래 기다렸던 집 짓는다하며 웃는데
내 집 갖기 힘든 세상, 얼마나 소원했던가
작은 평수지만 행복하다는 그녀
가난한 사람은 지푸라기로 집을 짓고

부자는 넉넉하게 서까래로 짓는데
가진 땅 한 평 없는 내 친구 민호는
숲에 들어가 나무 위에 집을 지었다
까치집 같아도 아늑한 트리하우스
번지 있으나 주소 없는 그 집
그 집에 놀러 간 하루 종일
난 새둥지처럼 아늑했지만

아직 전·월세 전전하는 내게
하얗게 떠오른 낮달 하나가
구부정한 어깨 다독이고 있다

# 가을 참 잘 익었다

동네마다 대목장 펼쳐진 가을날
밤톨처럼 통통하게 살 오른 햇살
서늘하고 넉넉한 바람
구름 한 점 없는 맑은 하늘

콕
콕
찔러 보았다

수확하는 저 들판의 바쁜 손길들
참 살맛 나게 잘 익었다
집집마다 멍석 위에
나락 마르는 냄새
참 구수하다

## 그대는 여전히 꽃이다

꽃이 피었다 진다고
꽃이 아니겠는가
눈보라 속에 핀 동백은
땅에 떨어져도
땅에서 피는 꽃이 된다

아줌마는 청춘이 아니라 누가 말하는가
물기 마를 날 없는 앞치마에
거친 두 손일지라도
바지랑대 같은 가족 사랑에
품어내는 그 향기는
청춘의 향기보다 더 황홀하다

엄동설한을 견딘 잘 익은 사랑의 향기
그것이
아줌마
그대가 여전히 꽃인 이유이다

# 저녁 바다

저녁 바다엔

태양이 부려 놓고 간

붉은 카펫이 출렁이고 있다

석양을 바라보며

물너울에 비친 노을을

한 움큼 잡아 본다

노을의 꿈을 잉태한 석양은

수평선 너머 또 다른 꿈속에 들고

고깃배들은 저녁 바다를 거두어 뱃머리에 싣고

뱃고동은 호흡을 가다듬는데

어두워지는 하늘을 온몸으로

저어가는 기러기 떼

저녁 바다에서 기다리다 눈멀어

나는 물빛이 된다

# 가을, 묵직하다


들썩이던 들녘이 묵직하다
밤송이 벌어져 밤톨 떨어지고
구워 먹는 아이들 입이 즐겁다

개울 수초 사이에 노는 살찐 송사리도
한가로이 꼬리 흔들고
한낮 더위에 땀 흘리며
굳은살 박여 아린 손마디로
가을, 바심하는 농부들도 묵직함에 여유롭다

들녘에 핀 코스모스
쉬어가라며 간들거리는 저 몸짓
어디를 둘러봐도 잘 익은 들녘
발걸음조차 넉넉하고 묵직하다

들일에 거칠어진 당신 손길도

사과처럼 익어 향기로워지는 가을

민낯으로 달려온 햇살이

고추 광주리에 앉아 온종일 떠날 줄 모른다

# 고향의 여름을 만지고 싶다

뙤약볕 아래
살타는 냄새가 나도록 뛰어놀다
멱 감으러 냇가로 갔고
햇볕이 곧장 정수리에 내리쬐어도
우리는 좋아했었다

발가벗고 물장구치고
송사리 떼 따라다니던 시절
그 추억을 두고 떠나 온 지 멀고 멀어
가슴 한 켠으로
땅따먹기 비석치기 흙냄새가 그립다

천둥벌거숭이 동무들과
유년 시절이 날숨 쉬는 실개천
그때 내가 놓친 고무신과 송사리들
지금은 내 나이처럼 턱수염도 희끗하겠지

저녁 어스름 소주잔에 찰랑이는 곳

기다림과 설렘으로 들숨 쉬던

이제는 미지근하게 식어가는

고향의 여름을 다시 뜨겁게 만지고 싶다

# 그녀의 선물

택배가 배달되었다

네모난 상자에 정성을 담은 스웨터 한 벌

그 손길이 겨울 추위를 녹여주고 있었다

한 땀 한 땀 코바늘로 뜨고 실꾸리를 당겨가며

틈을 메웠을 뽀송뽀송한 온기

추운 날 북풍 몰아쳐도

포근한 마음에 나는 추위도 잊고 지냈다

그해 찬 바람 몹시 불던 겨울

스웨터 입고 서울 전철역을 지나는데

한 모퉁이에서 떨고 있는 노인

종이 상자로 추위를 막고 있었는데

바람 불면 날아갈 것같이 가벼워 보였다

허름한 옷차림에 심한 기침

이곳까지 밀려난 사연 묻지 않기로 했다

살갗으로 추위를 견디는 그 남자에게

스웨터를 벗어 입혀 주었다

포근했던 스웨터 한 벌이지만

그녀의 택배 선물이 지구 한 모퉁이에서

따스한 화롯불이기를 바랬다

얼마 후 출장길에 그곳을 찾았으나

그 남자는 보이지 않고

빈구석에 또 다른 노인이 그 스웨터를 입고 있었다

## 끝 집

허름한 주막집 끼고 돌아
들길 끝나는 곳
그곳에 집 한 채 있었다.
늙은 엄마랑 살던 친구
산 그림자를 펴고 접으며
칡뿌리 캐 먹던 추억이 묻어 있는 곳

산은 늘 가부좌 틀고 앉아 있고
산 그림자는 끝 집까지만 내려 왔다

산허리 감아 내려오는 계곡물 소리에
산새들도 잠 못 드는 밤
호롱불 아래 일렁이던 어린 날의 기억들
나는 그곳 외로움이 좋아
산 그림자 앞세워 찾곤 하였다

어느 날 끝 집은 헐리고

새로 지은 전원주택들

나는 어린 시절로 가는 길을 잃었다


세상에서 끝 집을 영영 잃어버렸다.

# 2부

## 낮달

46억 년 전 우주의 자궁 박차고 나온

저 상현달은

높이 떠 있는

단전斷電된 가로등


몸무게 980그램으로

너무 일찍 지구에 찾아온 이른둥이도

인큐베이터에서 호흡이 가쁘다


멈추지 않는 영원한 떠돌이지만

바라보는 곳은 늘 한 자리


상현달

달무리 데리고

보름달 약속하며 돌아오는 그 날까지

지치지 말자 온전한 사랑

이른둥이도 고사리손 꼭 쥐고

동그랗게 눈 떠 웃음 짓고 있으리

# 누가 내 설렁줄을 흔드는가



설렁줄 흔드는 소리가

캄캄한 밤을 깨운다


어둠이

적막하게 엎드린 산맥으로 길을 내며

멀어지는 아득한 소리

소리의 속살이

폭설에 잠기고 있다


퍼붓는 눈송이 위로

무너지고 솟아오르는 산맥들

밤새 설렁줄 흔드는 소리 그치지 않고

부러져 내려 눈 속에 파묻히는

겨울 숲 침엽수의 어깨들

쟁여둔 시간만큼 멀어지는 소리

눈발 사이에서도

굽이치는 산맥을 날아가는 솔개처럼

멀리 떠나지 못하고 맴도는 소리

폭설에 묻힌 설렁줄이 나를 흔든다

## 대합실待合室



누구를 기다리나

각양각색 여행 가방들

매표소 안 매표원은 손길 바쁜데


연인들은 벌써 바닷가에 닿은 양

밀려오는 파도와

솔숲 백사장 걷는 이야기 나누다

잠시 머리 맞대고 조는 시간


밤새 뒤척였을 서늘한 바닥

매표도 출발시간도 잊은 덥수룩한 수염

초점 없이 허공을 응시하는 느린 발걸음


어디로 가야 하나

북적대던 하루 썰물도 빠져나가고

구내매점들 불빛 꺼지면

아무도 배웅할 사람 없을 대합실

어두운 구석에서 대낮부터
빈 소라껍데기 속으로 몸을 말아 넣는
소라게 같은 사내

## 덫을 놓다

나는
새로운 문장을 찾아 헤매는 하이에나
눈과 귀 모든 감성을 열어
세상 보이는 곳마다 덫을 놓고
문득 싯귀가 찾아오기를 기다린다

우연히 지나가는 바람이라도
걸려든 문장은 나의 식욕을 피할 수 없다
좌판대에 오른 과일처럼 반짝이는 새 문장들
누구도 항변할 수 없는 너는
생포한 주인에게 순종해야 한다

한평생 볼모로 살아야 하고
하드커버로 거창하게 인쇄되어도
아무도 찾아 주지 않고
면회 한번 오는 이 없을 수도 있다

오늘도 누렇게 뜬 화면에서

끝없이 반짝이며 단어를 재촉하는

나는 외로운 커서cursor의 친구

백지 위에서 외롭게 살다 죽을지도 모른다


장례도 조문객이 없어도

그저 방황하는 문장을 찾아 헤매다 갈 뿐

주인 없는 단어의 사냥꾼인 나는

고독사를 감수하며

오늘도 시가 되는 문장을 찾아 거미처럼 덫을 놓는다

# 돌탑

청룡사 가는 길
연화교 건너 서 있는 돌탑
여인이 두 손 모아 기도하고 있다

날마다 쌓아 올린
한 마음 한 조각이 이제는
바람에도 흔들리지 않는 믿음의 탑

아무도 찾지 않는 밤
달빛과 별빛을 움켜쥔
간절한 소망은 하늘에 닿고

깊은 산 속
청동 물고기가 풀어 놓은 풍경소리는
바람에 흩어져 숲이 되는데

오늘도 저 여인은

버려진 돌 하나 집어

돌탑을 쌓고 있다


그 사람 가슴에도

든든한 돌탑 하나

우뚝 서 있겠다

## 들판을 적시는 강물처럼

버들가지 흐드러진 물가
봄바람도 종종걸음으로
그리운 마음 강물에 젖게 한다

겨우내 흐느끼던 마른 갈대는
목놓아 그대를 부르고
다리 걷고 물 위를 떠다니던 새벽안개도
두근거리는 여울 속으로 자맥질한다

언제나 기다리는 나를 남겨놓고
산을 넘는 뻐꾸기 울음처럼
움트는 계곡마다 메아리는
환한 산벚꽃으로 피어나고 있다

그대여
그대 그리는 내 가슴에 넘치는 강물

지금은 어느 들판을 적셔

푸른 아우성은 목마른 수로마다 넘쳐나는지


내 그리움은 오늘도 거친 벌판을 지나

그대를 향해 끝없이 흐르는 강물이다

# 민들레 집

"민들레" 집에 가면

민들레는 없고

소주 맥주 막걸리와 파전……

술 취한 사람들과 알전구만 흔들거린다


안주인 이름이 민들레였던가

바람에 밀리며 민들레처럼 낮게 살다

민들레 씨앗처럼 날아와

이곳을 고향 삼은 사람들

탁자 위에 풀어놓는

그들만의 은어로 풀어놓는 힘겨운 말 말


소주 맥주 막걸리와

뻔한 안주지만

한때의 풍류와 서러운 푸념들

밟혀도 밟혀도 돋아나던 푸른 꽃대처럼
말과 말들이 뒤섞여 푸른 민들레밭이 된 집

"민들레" 집에는
떠돌이 씨앗들이 날아들어
저마다 안질뱅이로 뿌리 내리고
갓털 달고 날아갈 씨앗을 키우며
젖은 달빛을 말리고 있다

# 바람 길

바람이
동東에서 서西로 지나는 길
동쪽을 등지고 바람과 동행했다

굳은살 박인 손에 움켜쥔 오늘도
어제의 낙엽으로 바스라지고
물기 없는 흰머리가 바람에 날린다

가을 끄트머리 바람 부는 길 어디쯤
나는 질척한 길 위에 놓인
낙엽으로 불려가고 있을까

서늘한 밤바람에 밀리고 떠밀려
오늘도 걷고 있는
구부정한 뒷모습 앞에 놓인 길
안개 속에 끝이 보이지 않는다

# 바람 뒤에는 그 무엇이 있다

산수유꽃 진 바람 뒤에는

알 수 없는 그 무엇이 있다

아지랑이 스치고 나면

얼었던 목숨들 풀려나오고

눈 녹은 대지에 파릇하게 피어나는

노랗고 붉은 새봄의 민낯

죽음 같은 겨울이 채색되어 되살아나는

산그늘에서 머물던 바람 불어오면

새 옷 입고 쏟아져 나오는

숲과 나무와 꽃들

나도 새 옷을 갈아입어야겠다

겨우내 그립던 바람 속 어느 한 켠에는

비밀스럽게 옷 갈아입고 먼 길 나서는

그 무엇이 있다

## 봄날의 만찬

밤하늘 쳐다보니
잔뜩 찌푸린 모습
별도 달도 없는 하늘이
봄꽃을 뿌리고 있다

부는 바람은 아직도 꽃샘바람인데
새봄의 팡파르가 밀어 올린
초록빛 무수한 깃발들

그들의 만찬에 나는
초대장 없는 손님이 되어
향기 넘치는 술잔을 비운다

거나해진 봄꽃들
아지랑이 앞세워 밀려드는 저 들판
푸른 꽃대들의 노래가 우렁차다

## 봄에 듣는 소리


쌍영산 흐르는 개울물이

계곡의 속살 만지는 소리

자분자분 버들강아지끼리

속삭이는 소리


살구꽃 봉오리 더듬어 간 자리마다

움트던 그 숨소리


간밤, 푸른 정액을 쏟아붓고

봄 옥산뜰을 급히 다녀간

가뭄의 단비 소리

# 여인의 담장

담을 넘어 온 여인이
제집인 양 누워있다
아침에 내린 이슬도
달아오르고
담장 위 햇살 흐드러질 때
여인의 선혈인 듯
담장 밑에 떨어져 내린 저 꽃잎

꽃그늘 아래 벤치에서
한나절 적포도주 잔 기울이다
취기 오른 그녀들이 옷고름 풀어
실루엣으로 비치는
아득한 속살

집집마다 줄장미가
허락 없이 담을 넘어와

골목마다 향기를 흩뿌리는 5월은

붉고 아찔하다

## 은행나무 가로수


산속으로 들지 못하고
도시 한가운데 공원에서
참선하는 저 은행나무

입문을 위해 머리 깎고
거리로 나온 사판 스님같이
번잡한 속세에 뿌리내리고
염불하는 아미타불

오가는 자동차 소리와 매연
여인들의 수다도 스님은 모르는 척
지그시 눈 감고 귀를 닫아
단풍 드는 이파리들만 바람을 읽고 있다

무서리 내리는 밤마다
갈바람 귓가에

경전 읽는 소리로 불어오면


금빛 장삼 자락 발아래 내려놓고

한때 눈부셨던 허공마저

새 떼에게 내어주고

저 수도승은

발가벗은 채 적멸에 드는 중이다

# 눈 내리는 날 그대 없는 길에서

익숙하던 길이 눈이 내려 낯설다

누군가 걸어간 구두 발자국
그 흔적을 밟고 걷는다
눈발은 내가 걸어 온 흔적을 더듬으며
아팠던 그 상처를 생각한다

어젯밤
어둠을 뚫고
잿빛 마음으로 찾아왔건만
언 손 비벼줄 그녀는 없고
눈발 쌓이며 녹아내리는 눈물마저 아팠다

하늘이
막힌 가슴 쏟아내리는 날
하얀 눈물을

하얗게 닦아 줄 그녀는 없었다

어느 곳으로 가고 있는지
발자국 따라 걷는 머리 센 노인
그녀 없는 눈밭을 걷고 있다

흔들리는 마음은
언젠가 지워질 슬픈 눈발,

소나무 한 그루 흰 눈을 이고
흐린 하늘 아래
그녀 없는 낯선 길에서 그녀를 찾고 있다

## 애야 꽃 떨어질라

이것 참 야단났네
저기 저 활짝 핀 사과꽃

애야 꽃 떨어질라
조심조심 자근자근 오거라

멀고 험한 길 오랜 시간 걸어왔거니
참으로 고되겠다
오는 동안
한 획의 남루함이여

온몸 젖어 얼룩지고
고된 마음 반길 수 없음에
너는 오느라 고되고
나는 그리움에 고되다

애야 꽃 떨어질라

보슬비로 살캉살캉 내게 오거라

# 넥타이

구중궁궐 속 궁녀들처럼
밤낮으로 간택의 기회를 엿본다
사내 가슴에 안겨
화려한 부활을 꿈꾼다

단장하여 사치도 부리고
모여 앉은 모습이 꽃송이 같은데
선택받지 못한 날은 장롱에서
밤을 지새워야 한다

담장 너머 꽃이 피면
마음 들뜬 그녀들은 어딘가로 떠나고 싶어한다
어두운 벽에 둘러싸인 채
숨 막히는 골방에서 훨훨 향기를 꿈꾸며
화려한 나비가 되고 싶어했다

사내가 외출을 한다

하얀 와이셔츠를 입고

가슴골에는 개나리꽃을 매달고

진달래꽃 만발한 길을 걷고 있다

꽃피는 계절이 오면 꽃향기를 따라 사내는

산과 들, 강과 바다로

아지랑이 열차에 몸을 싣고

돌아오지 않을 먼 여행을 떠나고 싶어한다

3부

# 바람이 수상하다

바람이 부는데 호흡이 가쁘다
만개한 꽃향기가 나의 코끝에 닿아도
코는 이미 마비되고 향기조차 없는데
오늘은 반쯤 얼굴 가리고
마스크 뒤로 나를 밀어넣었다

북서풍이 불면
검은 가래가 생겨 기침을 했다
희뿌연 안개 같은 미세먼지 pm10
폐포를 통해 혈관을 더듬으며
들숨과 날숨이 어긋나 가려웠던 기관지
공장들은 굴뚝마다 먼지를 토해내고
내 목구멍은 그을린 채 녹슬어 갔다

지구별 한 모퉁이에서
취하여 웅크린 채 밤하늘을 보면

먼 별빛도 지쳤는지
꺼져가는 잔불처럼 희미한데

멍석 깔고 마당에 누우면
모깃불 연기가 따라다니고
여름밤 깊을수록 내 눈 속에 쏟아지던
푸른 별들이 그립다

# 복수초

어느 누가 다녀갔는지
어느 화가의 캔버스인지
내 가슴 서걱이는 숲 가에
노란 봄을 그려 놓았다

골짜기마다 풀리는 맑은 물소리
산새 소리 반갑고
절벽 아래 잔설을 뚫고 피어난
복수초 나직한 속삭임이
가는 발길 멈추게 한다

밤이면 수줍게 고개 숙이고
모진 겨울바람에 흔들려도
언 땅을 녹이고
꺼지지 않는 촛불을 들고 선
저 꽃의 숙명

흰 눈을 이고

뜨거운 입김을 뿜어내며

흔들리는 꽃대들이

겨울 산을 흔들어 깨우고 있다

## 봄을 캐다

겨우내 쟁여 둔 봄을 꺼낸다
향긋하다

차례를 목마르게 기다리던
목련 벚꽃 개나리 민들레
발걸음이 바쁘고

아내는
호미 하나로 들에서
냉이 뿌리까지 캐어
무치고 끓여내 식탁에 올리고
겨우내 감춰두었던 웃음도 꺼냈다

눈감고 모른 척 처음 잡았을 때
버들강아지 꽃차례 같던
아내의 새끼손가락
손톱에도 봄꽃이 싱글벙글이다

## 불면不眠


달빛에 비친 나뭇가지가

유리창을 흔들고 있다


불면의 밤은 가을 들판을 폭식하고

허기진 달빛 조각들이

가을 낟가리에서 흘러내릴 때

허수아비는 시름으로 밤을 지샌다


어둠이 서성이던 들판에서

어둠을 휘저으며

후두둑 날아오르는 청둥오리 떼

아직 안개에 갇힌 새벽은 멀어


산허리를 돌아 나오는 먼 기적소리

따뜻한 창문을 반짝이며

나의 열차는 불면을 싣고 떠난다

## 비바람은 지나가겠지만

불어 가다
가시에 찔린 바람은
어디가 몹시 아팠을까

바람도
상처 입어 아파할 때가 있다
아파서 흘리는 눈물
아파서 전깃줄에서 울부짖는 소리

비바람 불어오는데
아픔은 폭우가 되어 내리고
지금, 이 시간 가시에 찔려
천둥으로 울고 있다

거리마다 흙바람 설쳐대는 오늘
천둥에 부대끼고

가시에 찔린 바람처럼 절룩거린 날

우렛소리 멈추면 아픔도
바람처럼 스쳐 잠잠하겠지만
흔적은 우두 자국처럼 남는다
감내하다 흘리는 눈물은
쓰라린 뼈의 문장을 감추고 있다

# 빈 손

가랑비가 내린다
저 셀 수 없는 가는 현絃이
아름다운 멜로디를 연주한다


사랑하는 그대가 가난하여도
아무것도 손에 든 것 없는
빈손이라도
설레는 것이다


내리는 비는 빈 손
빈손으로 대지를 어루만지고
오늘은 그대도 빈 손
눈부신 사랑의 현이
움트는 숲마다 출렁인다

## 쇠기러기 한 마리

황금산 아래 서걱이는 갈대숲
뼈마디가 하얗게 흔들릴 때마다
꺼억 꺼억 목이 메는
길 잃은 쇠기러기

바다 위 창공을 휘이휘이
부리 지어 날던 그 살갑던 여정
지금은 수평선 너머
갯벌에 묻힌 추억으로 잊혀 간다

먼 항로를 놓치고
저 물가 눈부신 윤슬을 헤치며
혼자 헤엄치는 쇠기러기 한 마리
꺼억 꺼억 소리 그치지 않는다

# 빈집

바람만 들락거리는 빈 뜰

발자취가 아쉬운 듯 잡풀이 자라고

빗물이 고이다 마른 고무신 한 짝

녹슨 낫과 괭이 어지럽게 널려있다


익숙한 손길을 기다리는 고양이는

빈 뜰에 느린 바람처럼 지나가고

댓돌 위 먼지만 반짝이는 오후


무성히 우거진 풀꽃

감나무엔 까치가 집을 짓고

허물어지는 흙담장

까치는 돌아와 바쁘게 새끼를 품는데

들판을 버리고 떠난 사람들

햇살이 빈 뜰을 덥혀도 온기는 간데없고

바람은 서늘하게 풀꽃을 흔드는데

가끔 멀리서 흰 구름 흘러와

우물 속 제 그림자를 들여다보고

표표히 떠나가는 빈 하늘

## 사과꽃

보름날 달밤은 달빛보다
과수원이 더 환하다

어느 날 피었다가
흩어지는 꽃잎이라 하기엔
북풍을 건너온 겨울과
우렛소리 견뎌낼 여름이 아득해
꿈꾸는 여인이라 부르고 싶다

가슴과 가슴이 맞닿아
가지마다 피워올린 저 달빛
강 건너 가로등 불빛도 잦아드는 밤
여인의 꿈은 어떤 빛깔로 피어나
무서리 내리는 가을을 맞이할까

태양의 유전자를 품고

달빛에 반짝이는 이파리들

과수원을 점령한 반딧불이 떼가

사과꽃 향기에 흔들리고

어린 시절 '과수원길' 노래가

어디선가 들려오기 시작했다

## 생각해 보면

생각해 보면
가슴에 회오리처럼 일었다가
휘저어 놓고 떠난 자리 흐트러진 마음
제자리로 돌아오기까지
그리 오래 걸리지 않았지만

가끔, 그리운 날은 먼 산을 보기도 했다
아지랑이 같은 희미한 기억
저녁 어둠이 발 걷고 풀리는 강물을 건너오면
잠잠히 제자리로 돌아오기도 했다

버드나무 가지마다 움이 트고
꽃나무는 꽃봉오리 벙그는데
너의 집 울안엔 올해도
산수유꽃 안개처럼 흐드러지고 있는지

생각해 보면

어느 먼 바람 부는 골목 어귀에서

아이들 옷깃 여미며 살고 있을까

너의 입김 같은 포근한 바람, 삼월이 오면

내 볼우물도 산수유 꽃향기로 차오른다

## 섬초롱꽃

솔향기 그윽한 이 길이
언젠가 걸었던 길처럼 선연하다

꿈에서 그려보았던
길가에 홀로 핀 섬초롱꽃
어느 성당 종을 빌려 달아 놓았는지
종소리 울리면 솔향기로 퍼지고
종소리에 귀 기울이는 긴 오솔길이 휘어진다

결혼식장 조명 아래
눈부시던 웨딩드레스
수줍게 걸어오던 한 사람
섬초롱꽃이 아내를 닮았다

먼 섬에서 불려와
어쩌다 이 작은 길가에 피어났는지

그 바다 파도 소리 그리울 때마다
초롱 하나씩 내걸고 있는데
어두운 퇴근길 돌아가는 내 집에도
섬초롱꽃 한 다발 피고 있을까

# 성모마리아


밤이면 그녀는
김밥집으로 출근한다

날마다 수백 개의 김밥을 말아 썰며
은박지처럼 반짝이며 지새는 밤
밤새 뛰어다니는 발바닥은 시큰거리고

한 달 밤새워 번 돈
월말이면 통장 잔고는
빨간 비상등이 켜져도

충혈된 눈으로 골고다 언덕을 넘고
뼈마디마다 울컥 눈물 삼키고 있을
어두운 밤, 지아비의 서늘한 빈자리

질기게 흘러간 시간 사이 동이 트고

새벽 종소리 자장가로 들릴 때

지난밤 고단함도 잊은 채 돌아와

성호聖號 그으며 감사 기도하는

나의 성모마리아, 아네스여

## 손전화는 꺼져 있었다


전화를 걸었으나

손전화는 꺼져 통화할 수 없었다

엄습해 오는 불안함은

어둠 속에 갇힌 것 같았다

귀 닫은 자에게

큰 소리로 말한들 소용없는 일


어느 날

내 전화기가 꺼져 있었는데

부재중 말하지 못한 흔적들

침묵하는 아우성이었다

부재중 갈매기 표시

저 닿을 수 없던 말들은 누구의 마음을

나도 모르게 찌르고 있었을까

교신 되지 못하는 세상은 캄캄해

불통에서 소통을 꺼내

온전히 소통되는 그 날

너와 나,

물 흐르듯 내통하는 일은

길고 긴 캄캄한 터널을 빠져나온 듯

환하고 시원했다

## 쑥 향기

아지랑이 봄 들판
쑥 캐는 여인들은
내 엄마의 모습

쑥물 든 행주치마
쑥버무리 쑥 향기는
내 엄마의 향기

그립고 보고 싶어
사진첩 꺼내 보면
고운 엄마 모습
눈물 어리고……

새봄마다 쑥 향기 짙어 오면
저 들판 끝 아지랑이 속에
젊어서 멀고 먼 여행을 떠나신
우리 엄마 서 계신 듯

## 청룡호수*

금빛 물살 가르며

마른 바람 목을 축이고


왜가리 한 마리

빈 보트에 앉아

먼 산 바라보는 나른한 오후


펼쳐 놓은 주인 없는 낚싯대

수초에 몸을 비비던

붕어도 보이지 않고


막, 건져낸 가을 햇살과

단풍 든 벚나무 이파리

파스텔로 그려낸 물빛 위에서

그네를 탄다


*안성시 청용리에 위치한 호수.

4부

## 열꽃

바람이 스친 자리마다
몸에 번지는 초록의 독백이다


숲이 돌아눕는다
두통을 동반한 그치지 않는 기침
이제 막 피어나는 열꽃


퉁퉁 부은 비곗덩어리 목울대에 달고
오장육부가 뒤틀리는
신열이 끓어오르는 반란


숲이 아프다
진통과 증상은 다르지만
생인손 나은 가지마다
낭자한 각혈

어둡고 긴 냉동창고의 계절을 지나

내 몸에 돋아난 총상꽃차례

어젯밤 나비가 되는 꿈을 꾸었다

# 열대야

밥상에 오른

구운 갈치 두 토막

저녁의 소금기가 짜디짜다

파도 자락마다 은빛으로 빛나던

저 생선은 아직 바다를 기억하고 있다

이글대는 태양을 등지고

어느 난바다 헤엄치며

번쩍이던 바다의 칼날


덕장마다 펄럭이는

바다가 놓친 새벽잠

생선으로 절인 내가 널려 있다

뿌려진 소금 알갱이가

몸 깊숙이 밀고 들어와 나를 절이고 있다

지금 여름의 허공은 울렁이는 바다

바다에서 길어 올린 열대야

왕소금이 쏟아진다

나는 밥상 위에 올려진 간고등어

등줄기에 소금이 채워진다

물 없는 바다 한가운데에 두고

저 태양이 내 몸을 자꾸만 절이고 있다

## 옛것에 대하여

가옥이 비명을 지르며
포크레인 삽날에 쓰러지고
철거된 잔해가 실려 나가자
새집을 짓기 위해 터파기하고 있다
헌것과 새것의 경계
헌것도 어제의 새것

새것들은 다 헌것을 따라간다
가구를 옮기며
옛것을 버리고 새것으로 채웠는데
채워지는 순간 다 헌것이 되었다

새로 지은 집 처마 밑
제비가 새 둥지를 틀고
새집 지은 새
새집 지은 한 여인

새로움을 기억하는 순간

옛것에 대한 냄새가 풍겨 온다

헌 것이 더 가치가 있다는 요즈음

옛것이 새로움이 되고

옛것이 부러움이 되고

옛것이 소중함이 되지만

나는 옛것을 버리고

새로운 옛것마저 다 털어내려

먼 하늘을 본다

# 오늘 눈 뜨면

어둠이 쓸고 간 그 길에 선 아침
오늘 눈 뜨는 넌 행운아야

하루라도 더 살고 싶은데
오늘 없는 어제
어제의 오늘에 눈 못 뜨고
머나먼 저곳
어둠 속으로 여행 떠난 이도 있을 거야

오늘 눈 뜨면
이슬 머금은 풀꽃과 마주하고
따뜻한 햇볕이 등을 다독여 주지
어깨 편 푸른 하늘도
흰 구름 띄워놓고 널 기다릴 거야
긴장과 설렘으로
너를 맞이할 거야

기쁨을 더듬고

설레는 가슴이 있는 오늘

네가 바로 행운아이고 주인공이야

# 오월에 만났으니

그녀는 오월에 태어났고
나는 오월에 그녀를 만났네

오월엔 눈부신 흰 꽃들이
키 큰 나무마다 뭉게구름처럼 피어나고
눈이 큰 그녀는 어느새
내 가슴 물들여 놓았네

떨어져 내리던 흰 꽃잎처럼
내게 날아와 준 그녀
다가가면 가시 돋친 가슴으로 밀어냈고
내 손가락은 붉은색이 돋아나
오월에 나는 해마다 붉었네

그녀는 오월에 태어났고
나는 오월에 그녀를 만났네

풀냄새 향기로운 오월에

그녀를 만나

우리는 서로 오월 푸른 가시를 사랑했네

그대 가슴 붉을수록

내 가슴 또한 붉게 물들었네

## 온통 붉다

허름한 돌담 위로
푸른 그림자 슬며시 잠입한다
비바람이 흔들어도
푸른 진군 멈추지 않고
돌담을 넘는 덩굴이 늘어난다

염전에 널린 소금 같은 은하수가 흐르는 밤
여린 새순들은
뜨락을 염탐하러 내려온다
개도 짖지 않고
바람도 자는 시간
몰래 침입한 푸른 그림자
잠든 여인 젖가슴 간질이며
따뜻한 입김으로
귓불에 머무는 자장가를 부르다
뒤란 새벽바람 헛기침 소리에 놀라

별빛 하나 심어놓고 담장 넘어

돌 틈에 몸을 숨기던 저 담쟁이

오늘은 담쟁이도 돌담도

온통 붉다

## 우수雨水 지나고

양지쪽 생강나무꽃 움트는 숲에는
보이지 않는 새들의 지저귀는 소리
봄비 내리는 실개천
청둥오리 한 쌍 헤엄치고 있다

먼 산마루에 걸터앉은 안개는
첩첩 산등성이 뒤로 감추고
화목난로 지펴 놓은 구제역 초소
오늘 할당된 돼지와 소들은
거품 물고 충혈된 눈물 홍건한 채
트럭에 실려 떠나가는데
질척이는 농로길 바퀴가 힘겹고
긴 담배 연기 내뿜으며
시동을 건 운전기사도 말이 없다

봄비 내리는 실개천 맴돌며

청둥오리 한 쌍 서로 긴 목 부비고 있지만

축사를 비워낸 승차권도 없는 저 목숨들

불콰하게 취한 화목난로 옆을 지나

포크레인 소리 요란한 구덩이를 향해

흠뻑 젖은 몸으로 먼 여행을 떠나가고 있다

# 음악다방에서

어둠이 저녁 안개처럼 내린 음악다방
옛 추억 한가득 담은 수레바퀴는 돈다
지치지 않는 엘피판 위로
오래된 먼지처럼 돋아나는 추억

내가 먼 길 걸어오면서
닳은 뒷굽만큼의 긴 골목길
엘피판 아득한 소리의 계곡을 따라
귓가에 풀어 놓는다

느티나무 가지에 그네 매고 뛰놀던 언덕
물장구치던 개울가 친구들의 재잘거림
엿장수 가위 장단에 엿가락과 깨엿을 따라
졸졸졸 리어카를 따르던 그 시절

그 어린 날 높은 담장을 떠나

여기까지 돌부리 낯선 길 걸어오면서

이제는 낮아진 담장 보며 흰머리 쓸어 올리는

기우뚱 닳아버린 구두 뒷굽


카푸치노 한 잔의 새콤달콤함으로

시간은 엘피판 홈을 따라 쉼 없이 돌고

자전축만큼 기울어진 나는 내일도

마른 갈대 서걱이는 강가를 걸어야 한다

## 제비꽃

제비 돌아오는 길모퉁이

모자 눌러 쓴 보라색 단발머리

바람에 흔들리고 있다


봄빛으로 화장한

그녀의 바이올렛 향은 사치가 아니다

지나는 이들 눈길 떼지 못하는

수줍은 그 마음 행여 들킬까


낮고 후미진 모퉁이지만

이슬 털며 손 흔드는 보랏빛 사랑

고만고만한 이웃 되고

고만고만한 사랑 되어 어느새 우리는

서로가 서로에게 몸 비비고 있음을 안다

보랏빛으로 써 내려간

한 다발 사랑 고백을 펼쳐놓고

통회의 기도로 고해소에 들어 고백하나니

네 앞에 잠시 머물며 훔친 사랑

낮게 엎드려야 보이는

바이올렛 향기 아득한 봄날

## 창진산장*

높지도 낮지도 않은
안성맞춤의 298미터 고성산
만세고개에서 운수암 코스는
등산하기에 일미 중 일미

산길로 들면
청아한 목탁 소리가
숲길에 먼저 나와 마중하는
그곳

산과 계곡, 바다로 흩어졌다
지친 걸음으로 돌아가는 길
바람에 취해 노래에 취해
허기도 잊고 모여든 사람들

산장을 휘감는 노랫소리

꿈결인 듯 분수는 솟아오르고
울창울창 불어오는 바람도 정다운
고성산 길목 창진산장

벚나무 그늘에 매미소리 그치고
멧새들 둥지에서 날개를 접을 때
가만히 놓아버린 나의 시간들
창진산장 불빛 저리 밝은데, 문득
돌아가는 이정표는 사라지고 없다

\*안성시에 위치한 작은 산장.

## 축령산의 봄

축령산이 사라졌다
수리바위 소나무 머리에 이고
저 크나큰 산이 어디로 갔을까
메아리도 돌아오지 않는 운무 속
남양주 수동면
서리산 철쭉 닮은 여인의 산장
노크 없이 당도한 운무는
그녀가 잠든 사이
축령산을 데리고 내려왔다
저 큰 산골짜기는
명지, 운악 어깨동무하며
산들바람 멧새 떼 불러
계곡의 이야기로 흐르고
산벚꽃 환한 숲을 흔들어 놓았다
산자락 비탈밭에서 봄을 캐내다
잠시 호미 던져두고

아지랑이 속에서 잠시 조는 꿈

그녀가 눈 뜬 순간

운무와 잣나무숲은 사라지고

다람쥐가 바쁘게 다녀간 앞뜰

제비꽃 한 무더기 피어나고 있었다

# 카페 산타나의 저녁


카페 산타나에

초저녁 등불 하나둘 켜질 때

나무들은 새를 데리고 숲으로 돌아갔다


조용하던 카페에

노래 상자 전원을 켜자

귀에 익은 여가수 목소리는

흐린 날 저녁연기처럼 무릎에 젖어 든다


아메리카노 잔에 달그락거리는 얼음 조각들

미처 빠져나가지 못한 열기는

에어컨이 쉼 없이 불어내지만

하루의 신열을 식혀주지 못해

목덜미 흠뻑 젖은 저녁 무렵

하산길 등산객도 반짝이는 조명이 되는

카페 산타나에서

막 눈 비비고 나온 어둠을 보며

나는 나를 식히고 있다

서서히 식어가는 땀

몸이 말을 걸어 온다

하夏, 계곡 물소리 참 맑다

하夏, 꽃무릇처럼 스러지는 노을 참 이쁘다

## 풍경소리 그쳤는데

장대비 내리는 날
백일홍 꽃잎이 바람에 흔들려
칠장사 마당이 분홍빛으로 어지럽다

비에 젖은 꽃잎을 보며
백일홍 나무 아래를
멀리 돌아 대웅전 처마 밑에 들어선다

언제쯤 비바람 잦아들어
연분홍 꽃잎 다시 피워 낼까
빗줄기에 늘어진 가지 추슬러
꽃향기 자아낼 수 있을까

한 송이 두 송이
빗방울과 함께 뛰어내리는
꽃의 한숨이 위태로운데

풍경소리 그쳤는데 장대비,

계곡마다 장대비 울창하여 나는

돌아가는 길을 잃었네

## 홀과 짝


짝은,

둘이 있어야 이루는 것

아침 출근하려고 양말을 꺼내니

눈에 익은 양말 한 짝이 없다

충혈된 눈 불면으로 보냈을 지난 밤

짝으로 걸었던 시간들

함께 시작하여 함께 물들었던 시간이

오늘은 보이지 않는다


결혼하여 짝이 되어

살다 살다 못 살겠다 아우성치다

지나간 회오리바람처럼 흔적 없이 남이 되는 사람들

짝을 만든 끈은 허술하지 않았는지


찬바람 드나드는 둥지에서도

아침을 깨우던 까치 한 쌍

며칠째 보이지 않는데
처음부터 짝은 아니었지만
어느 순간 이미 마주 잡은 손

어디에 있을까, 홀은
어느 어두운 구석에서 아침을 맞이할까

## 지면패랭이꽃*

너의 슬픔 모르진 않아
낮은 키라 하늘은 너무 멀고
콘크리트 벽 그림자에 가려져
쓸쓸한 목숨이라는 걸

지면에 붙어 음지에서 자란다고
슬퍼하지 마라
너의 고향은 먼 북아메리카
푸른 대초원이었으니

비바람 불면 너는 낮게 엎드리고
서늘한 별빛 이슬 되어 내릴 때마다
흐느끼며 온몸 흔들리면서

서러운 연보랏빛
뿌리내린 자리마다 향기 뿜어

대초원을 그리워하는


너

먼 하늘 보며 초원의 휘파람 불고

나

또한, 흰구름 보며 젖은 마음 비워본단다


황사 가득 밀려오는 하늘 아래

그늘을 견디며 피어난 지면패랭이꽃

푸른 초원 가득 넘치며 불붙는 꿈으로

오늘도 온몸으로 맹지盲地를 기어가는

저 향기, 붉고 붉다



*꽃잔디.

해설

■ 해설

# 아날로그적 서정과 온전한 사랑에의 갈망

고명수(시인·전 동원대 교수)

## 1. 시의 매력과 시인의 자의식

시인은 삶과 죽음, 사랑과 이별, 상처와 고통을 자신만의 독특한 언어로 노래한다. 유년의 추억과 그리움, 자연의 풍요와 결실을 노래하는 동시에 쇠락해가는 인간의 운명을 노래하기도 한다. 다만 그것을 시적인 어법에 맞게 노래한다는 점에서 다른 장르와 다른 시만의 특성과 매력이 있다. 이를테면 마음의 풍경을 그리되, 눙치고 에둘러서 넌지시 표현할 때 언어예술로서의 시의 매력이 드러난다. 시 「은행나무 가로수」에서 화자는 도심의 공원에 서 있는 은행나무를 "거리로 나온 사판스님" 혹은 "염불하는 아미타불"로 해석하여 시적 상상의 계기를 마련하고, 시 「저녁바다」에서는 "물너울에 비친 노을"의 풍경을 "태양이 부려 놓고 간/ 붉은 카펫이 출렁이고 있다"고 표현함으로써 황혼의 풍경을 명징하게 그려내어 시적 표현의 매력과 멋을 잘 보여주고 있다. 또한 시 「넥타이」에서는 넥타이를 "밤낮으로 간택의 기회를 엿"보며 "화려한 나비가 되고 싶어"하는 "구중궁궐 속 궁녀들"로 묘사함으로써 탈출과 비상의 꿈을 구체적인 이미지로 형상화하여 독자들로 하여금 시적 상상의 재미를 제공하고 있다.

  조현광의 시적 표현의 특징은 다음의 시에서처럼 비천한 존재의 운명을 "위생 물수건"이라는 객관적 상관물을 통해서 넌지시 드러내는 방식이다.

> 온몸을 적시고 목욕재계 후에도
> 정갈은 나의 좌우명
> 물기 없는 것은 죽은 것
> 언제나 무균으로 부활해야 한다
> 때로는 따뜻하게 덥히거나 시원한 몸으로
> 그들의 기호에 맞게 단장해야 한다
> 가끔은 탁자에 흘린 얼룩을 닦는 알바도 하고
> 바닥에 떨어지면 밟히기도 하는 비정규직 노동자이다
> 노동의 대가는 늘 저임금이고
> 서비스로 던져지는 몸이라 사례도 없다
> 그들은 얼굴을 닦고 온몸을 비틀기도 했다
> 그들이 내 입술과 몸을 탐할 때마다
> 내 온몸에는 소름이 돋는데
> 쓰고는 냅다 버려진다 더 이상 쓸모없다는 듯
> 내 온몸이 축축한 것은 나의 눈물인 것을
> 그들은 누구도 눈치채지 못한다
> 낯선 손길을 기다리며 젖은 몸으로

소나가찌 거리의 여인처럼 살아가는 그녀는
매일 낯선 손님을 낯익게 맞이해야 한다
  —「위생 물수건」 전문

  위의 시에서 화자는 자신을 오브제objet인 "위생 물수건"에 감정이입하여 묘사한다. 물기를 머금은 채 온몸을 적시고 정갈하게 다시 태어나야 그 역할을 다하는 사물의 입장에서 "정갈은 나의 좌우명"이라고 말한다. "언제나 무균으로 부활해야"만 하는 운명을 지닌 채. 그것을 필요로 하는 "그들"의 "기호에 맞게 단장해야" 하는 운명을 지닌 "위생 물수건"을 "비정규직 노동자" 혹은 인도의 매춘거리인 "소나가찌 거리"의 여인에 비유하기도 한다. 이처럼 사회적 약자에 속하며 비천한 운명을 감내해야 하는 이들은 언제나 "저임금"에 시달려야 하고, "가끔은 탁자에 흘린 얼룩을 닦는 알바도 하고" 어쩌다 "바닥에 떨어지면 밟히기도" 하며, "쓰고는 냅다 버려질 뿐만 아니라, 제대로 사례를 받지도 못"하는 처지에 놓여 있다. 그래서 "위생 물수건"은 자신의 서러운 운명에서 흘러나오는 "눈물" 때문에 "온몸이 축축"하다. 하지만 아무도 눈치 채지 못한다. 아무도 알아주지 않는 소외계층의 삶을 환기시키는 이 시의 오브제인 "위생 물수건"은 T.S. 엘리엇이 말한 객관적 상관물(corelative objective)에 해당한다. 사물에 대한 새로운 해석이 시의 존재의의라면, 이러한 시의 매력은 오브제 혹은 객관적 상관물을 잘 활용할 때 잘 드러난다.

이미지의 사냥꾼(image hunter)인 시인은 이미지를 형성하는 하나의 단어 혹은 문장을 찾기 위해 "덫"을 놓고 기다린다. 다음의 시에서 화자는 시인으로의 자의식과 자신의 운명을 이렇게 진술한다.

> 오늘도 누렇게 뜬 화면에서
> 끝없이 반짝이며 단어를 재촉하는
> 나는 외로운 커서cursor의 친구
> 백지 위에서 외롭게 살다 죽을지도 모른다
>
> 장례도 조문객이 없어도
> 그저 방황하는 문장을 찾아 헤매다 갈 뿐
> 주인 없는 단어의 사냥꾼인 나는
> 고독사를 감수하며
> 오늘도 시가 되는 문장을 찾아 거미처럼 덫을 놓는다
> ―「덫을 놓다」 부분

위의 시에서 화자는 자신을 "새로운 문장을 찾아 헤매는 하이에나"로 규정한다. 혹은 "덫"을 놓고 "시가 되는 문장"을 찾는 "거미"에 빗대기도 한다. 그는 "눈과 귀 모든 감성을 열"고 문득 "싯귀"가 찾아오길 기다린다. 그래서 화자는 자신을 "외로운 커서cursor의 친구"로, 혹은 "주인 없는 단어의 사냥

꾼"으로 규정하며 "백지 위에서 외롭게 살다 죽을지도 모른다"고 자신의 운명을 비관하기도 한다. 이처럼 시인은 자신의 고독한 운명에 대한 자의식을 "고독사를 감수하며" "방황하는 문장을 찾아 헤매다 갈 뿐"인 존재로 묘사한다. 이처럼 시인으로서의 자의식을 확고하게 지닌 시인 조현광의 시적 주제는 어디를 향하고 있는가? 조현광 시의 주제는 삶의 일상 전반에 걸쳐 있어 매우 폭이 넓고 다양하다. 이제 그의 시를 읽어가면서 조현광의 시적 세계와 자유롭게 미끄러지는 기표의 궤적을 따라가 보자.

## 2. 낭만주의적 동경과 아날로그적 서정의 세계

조현광의 시는 낭만적 감성으로 충만하다. 잃어버린 과거, 미지의 자연, 아름다운 사랑과 충일의 세계를 동경하고 그리워하는 것이 낭만적 감성의 특징이다. 모든 시인은 어느 정도 낭만주의적 요소를 지닌다. 조현광 시인은 좀 더 두드러진 낭만주의자다. 낭만주의는 아련한 그리움과 동경을 특징으로 한다. 시간적으로는 흘러간 시간, 혹은 아득한 과거를 그리워하고, 공간적으로는 미지의 세계를, 심리적으로는 아름다운 사랑과 충일의 세계를 그리워한다. 그래서 조현광의 시는 이러한 동경과 그리움의 시어로 가득하다. 특히 두드러진 육친에 대한 그리움과, 봄날의 환희, 가을의 풍요, 온전한 사랑에의 그리움은 인간의 숙명적 한계로 인하여 더욱 처연하게 다가온다.

자아와 세계와의 상충에서 오는 근원적인 소외감, 혹은 이질적 존재감은 시인으로 하여금 충족된 소망스런 세계를 동경하게 한다. 이러한 소외감 속에서 시인은 자기존재증명과 자아동일성을 확인하고자 시를 쓰는 일을 반복하게 된다. 시작 행위를 통해서 시인은 자기 자신을 성찰하고 치유하게 되는 것이다.

> 버들가지 흐드러진 물가
> 봄바람도 종종걸음으로
> 그리운 마음 강물에 젖게 한다
>
> 겨우내 흐느끼던 마른 갈대는
> 목 놓아 그대를 부르고
> 다리 걷고 물 위를 떠다니던 새벽안개도
> 두근거리는 여울 속으로 자맥질한다
>
> 언제나 기다리는 나를 남겨놓고
> 산을 넘는 뻐꾸기 울음처럼
> 움트는 계곡마다 메아리는
> 환한 산벚꽃으로 피어나고 있다

그대여
그대 그리는 내 가슴에 넘치는 강물
지금은 어느 들판을 적셔
푸른 아우성은 목마른 수로마다 넘쳐나는지

내 그리움은 오늘도 거친 벌판을 지나
그대를 향해 끝없이 흐르는 강물이다
—「들판을 적시는 강물처럼」 전문

위의 시에서 화자는 봄바람이 불어오는 물가에서 "그리운 마음"으로 강물에 젖어든다. 그 그리움의 근원은 무엇일까? 그것은 희망의 봄에 대한 그리움이다. 화자는 인생의 가을에 서 있는 듯하다. 그래서 그는 "겨우내 흐느끼던 마른 갈대"의 심정으로 "목 놓아 그대를" 부른다고 말한다. 화자는 언제나 무언가를 기다린다. 이 채워지지 않는 기다림의 갈망은 어디에서 오는 것일까? 그것은 대체로 "그대"를 향해서 흐른다. 그대는 무엇일까? 그대의 실체는 무엇인가? 심리학자 융은 그것을 영혼의 반쪽을 의미하는 아니마 혹은 아니무스라고 부르기도 했다.

낭만주의는 원래 뿌리 뽑힌 채 유랑하는 민족의 향수와 동경이라는 낭만적 감성에 기초하여 발전해 왔다. 그러므로 낭만주의적 시인의 시는 자연 내재적인 영혼과 직관의 순수성이 두드러진다. 조현광의 시 역시 유랑하는 집시의 낭만적 감성으로 가득하고 자연친화적이다. 그것은 구체적으로 잃어버린 과거의 시간과 아련한 사랑에 대한 그리움 등으로 나타난다.

> 발가벗고 물장구치고
> 송사리 떼 따라다니던 시절
> 그 추억을 두고 떠나 온 지 멀고 멀어
> 가슴 한 켠으로
> 땅따먹기 비석치기 흙냄새가 그립다
>
> 천둥벌거숭이 동무들과
> 유년 시절이 날숨 쉬는 실개천
> 그때 내가 놓친 고무신과 송사리들
> 지금은 내 나이처럼 턱수염도 희끗하겠지
>
> 저녁 어스름 소주잔에 찰랑이는 곳
> 기다림과 설렘으로 들숨 쉬던
> 이제는 미지근하게 식어가는
> 고향의 여름을 다시 뜨겁게 만지고 싶다
> ―「고향의 여름을 만지고 싶다」 부분

위의 시에서 화자는 "발가벗고 물장구치고/ 송사리 떼 따라다니던" 유년시절을 그리워한다. 그 시절의 "천둥벌거숭이 동무들"과 실개천을, 잃어버린 "고무신과 송사리들"을 그리

위한다. "이제는 미지근하게 식어가는 고향의 여름"을 화자는 다시금 "뜨겁게 만지고 싶다." 하지만 시간은 불가역적이고 삶은 강물처럼 흘러가버린다. 제행무상諸行無常! 모든 존재는 가만히 머물지 않고 변해간다. 화자 역시 어느새 중년에 접어들었다. 나이가 들어갈수록 지난날이 그리워지고 다시 돌아갈 수 없기에 더욱 "뜨겁게 만지고 싶다." 이 시는 존재의 무상성에 대한 안타까움을 즉물적으로 그리고 있다.

조현광의 서정시는 아날로그 정서를 특징으로 한다. 빠른 속도로 변해가는 디지털화한 세상에서 조현광의 서정시는 완만하고 느리게 돌아가는 "엘피판"처럼 아날로그적 정서를 보여준다.

> 어둠이 저녁 안개처럼 내린 음악다방
> 옛 추억 한가득 담은 수레바퀴는 돈다
> 지치지 않는 엘피판 위로
> 오래된 먼지처럼 돋아나는 추억
>
> 내가 먼 길 걸어오면서
> 닳은 뒷굽만큼의 긴 골목길
> 엘피판 아득한 소리의 계곡을 따라
> 귓가에 풀어 놓는다
>
> 느티나무 가지에 그네 매고 뛰놀던 언덕
> 물장구치던 개울가 친구들의 재잘거림

엿장수 가위 장단에 엿가락과 깨엿을 따라
졸졸졸 리어카를 따르던 그 시절

그 어린 날 높은 담장을 떠나
여기까지 돌부리 낯선 길 걸어오면서
이제는 낮아진 담장 보며 흰머리 쓸어 올리는
기우뚱 닳아버린 구두 뒷굽

카푸치노 한 잔의 새콤달콤함으로
시간은 엘피판 홈을 따라 쉼 없이 돌고
자전축만큼 기울어진 나는 내일도
마른 갈대 서걱이는 강가를 걸어야 한다
　―「음악다방에서」 전문

위의 시에서 화자는 "오래된 먼지처럼" 추억이 돋아나는 음악다방에서 지난날을 회상한다. 화자의 회상과 과거로의 여행은 "물장구치던 개울가 친구들의 재잘거림"과 "엿장수 가위 장단" 소리를 떠올리며 "엘피판 아득한 소리의 계곡을 따라" 청각적 이미지로 재현된다. 화자는 "카푸치노 한잔"의 여유로움 속에 지나가버린 빛나던 시절을 회상하고는 "마른 갈대 서걱이는" 현재의 팍곽함을 달랜다. 감미로운 회상 속에 지나간 세월을 되새기는 이러한 아날로그적 정서는 시 「카페 산타나의 저녁」에서도 그대로 이어진다.

3. 상실과 부재, 단절과 소통에의 갈망

 인생의 절반이 삶을 준비하는 기간이라면, 남은 인생의 후반부는 죽음을 준비하는 기간이라고 한다. 인생의 중년에 접어들면 삶을 향해 달려가느라고 잊고 있었던 자신의 내면을 돌아다보게 된다. 여성은 여성다움을 구현하러 달려가고 남성은 남성다움을 구현하러 달려가다가 중년이 되면 그 동안 뒷전에 밀려있었던 자신의 남성성, 여성성을 들아보게 된다고 한다. 그래서 남성은 여성화되고 여성은 남성화된다고도 한다. 중년이 되면 흰 머리가 생겨나고 신체기능이 저하되며 몸이 쇠락하기 시작한다. 중년에 접어든 조현광 시의 화자 역시 쇠락해가는 자신의 몸을 바라보며 방황하거나 내면으로 침잠하는 모습을 자주 보여준다.

> 가야 할 길은 먼데
> 옷깃을 당기는 그녀의 관절들
> 기울어진 가로수만큼
> 같은 위도에서 기울어진 어깨
> 낡은 구두 뒷굽은 벌써 알았다는 듯
> 그렇게 닳아가고 있다
> ―「가을 벚나무」 부분

위의 시에서 화자는 중년에 접어든 사람의 신체변화를 구체적인 이미지로 보여주고 있다. "옹이"를 안고 서 있는 벚나무처럼 수시로 다가오는 몸의 "통증"을 지니고 "처방전을 나뭇잎처럼 매달고" 살아가는 쇠락한 중년의 모습을 "가을 벚나무"를 통해서 보여주고 있다. "기울어진 가로수만큼" 삶의 무게로 인해 어깨가 기울어지고, "낡은 구두 뒷굽"은 점점 닳아가는 중년의 표상은 처연하다. 그래서 화자는 "소라게"처럼 자꾸만 내면으로 침잠하게 된다.

> 어디로 가야 하나
> 북적대던 하루 썰물도 빠져나가고
> 구내매점들 불빛 꺼지면
> 아무도 배웅할 사람 없을 대합실
>
> 어두운 구석에서 대낮부터
> 빈 소라껍데기 속으로 몸을 말아 넣는
> 소라게 같은 사내
> ―「대합실待合室」 부분

위의 시에서 보듯이 화자는 "아무도 배웅할 사람 없을 대합실"과도 같은 삶의 황혼에서 서성이며 고독한 내면으로 수렴해가는 중년의 모습을 "대낮부터/ 빈 소라껍데기 속으로 몸을 말아 넣는/ 소라게 같은 사내"라고 표상하고 있다. 시

「바람 길」에서는 "물기 없는 흰머리가 바람에 날"리는 화자가 "안개 속에 끝이 보이지 않는" 길 위를 "구부정한 뒷모습"을 하고 걸어가는 쓸쓸한 풍경을 보여준다. 이러한 중년기의 방황과 침체는 젊은 시절의 목표를 달성하지 못했다는 무능력감과 사회에 의미 있는 기여를 못했다는 회의로 인해 느끼게 되는 감정인 동시에 사회를 존속시키는 원동력으로 작용하는 "생산성"이라는 중년기 과업을 만족스럽게 수행하지 못했을 때 느끼게 되는 감정이다. 상실의 상처와 결핍의 아픔은 시인으로 하여금 시를 쓰게 한다. 상처가 동력이 되어 풍경을 만드는 것이며, 여기에 예술 창조의 비밀이 숨어있기도 하다.

> 불어 가다
> 가시에 찔린 바람은
> 어디가 몹시 아팠을까
>
> 바람도
> 상처 입어 아파할 때가 있다
> 아파서 흘리는 눈물
> 아파서 전깃줄에서 울부짖는 소리
>
> 비바람 불어오는데
> 아픔은 폭우가 되어 내리고
> 지금, 이 시간 가시에 찔려

천둥으로 울고 있다

거리마다 흙바람 설쳐대는 오늘
천둥에 부대끼고
가시에 찔린 바람처럼 절룩거린 날

우렛소리 멈추면 아픔도
바람처럼 스쳐 잠잠하겠지만
흔적은 우두 자국처럼 남는다
감내하다 흘리는 눈물은
쓰라린 뼈의 문장을 감추고 있다
—「비바람은 지나가겠지만」 전문

위의 시에서 바람이 가시에 찔려 상처 입고 아플 때, "전깃줄에서 울부짖는 소리"를 내듯이, 모든 사물은 아프면 소리를 낸다. 아픔은 폭우가 되고 천둥으로 울게 된다. "거리마다 흙바람 설쳐대는" 때, "천둥에 부대끼고/ 가시에 찔린 바람처럼 절룩거린 날" 시인은 비로소 한 줄의 시를 쓴다. 상처의 흔적은 "우두 자국처럼" 남아서 "쓰라린 뼈의 문장"을 감추고 있기 때문이다. 상처가 풍경을 만들고 풍경은 하나의 작품이 된다. 랭보가 "상처 없는 영혼이 어디 있으랴"라고 외쳤지만, 상처가 영혼의 풍경을 보여주는 것은 사실이고, 시는 영혼의 구조를 보여주는 것이다. 상처가 시를 쓰게 하는 것이 사실이라면, 상처의 아픔과 결핍이 없다면 결국 시를 쓰고자 하는 동력 자체가 사라지게 되는 것이 아닐까?

> 어젯밤
> 어둠을 뚫고
> 잿빛 마음으로 찾아왔건만
> 언 손 비벼줄 그녀는 없고
> 눈발 쌓이며 녹아내리는 눈물마저 아팠다
>
> 하늘이
> 막힌 가슴 쓸어내리는 날
> 하얀 눈물을
> 하얗게 닦아 줄 그녀는 없었다
>
> 어느 곳으로 가고 있는지
> 발자국 따라 걷는 머리 센 노인
> 그녀 없는 눈밭을 걷고 있다
>
> 흔들리는 마음은
> 언젠가 지워질 슬픈 눈발,
>
> 소나무 한 그루 흰 눈을 이고
> 흐린 하늘 아래
> 그녀 없는 낯선 길에서 그녀를 찾고 있다
> ―「눈 내리는 날 그대 없는 길에서」부분

위의 시에서 중년의 화자는 어느 날, "익숙하던 길"이 낯설

어지는 경험을 한다. 그 순간 시적 상상이 작동되며 문득 지난날을 회상하게 된다. 화자는 "어둠을 뚫고/ 잿빛 마음으로 찾아왔건만" "언 손 비벼줄 그녀", "하얗게 닦아 줄 그녀"가 없음을 깨닫는다. 그래서 화자는 마음이 아프다. 그래서 머리가 센 노인은 길을 잃고 "그녀 없는 눈밭"을 걸어가고 있다. "그녀 없는 낯선 길에서 그녀를 찾고 있다." 그녀는 곧 시인의 아니마anima로 볼 수 있다. 아니마란 남성 속의 내적 인격을 의미한다. 즉 남성성을 구가하며 달려오는 동안, 소외되었던 남성 속의 여성성을 말한다. 중년 이후에는 이것을 다시 돌아보게 되면서 상실되었던 아니마를 회복하고자 하는데, 중년 이후에도 지속적인 아니마 상실의 상황이 이어지면, 그것은 생동감, 융통성, 인간성의 상실로 확대되어 경직되고 완고한 자아로 굳어질 수 있다. 그러므로 위의 시에서 화자는 자신의 생명력을 되살리기 위해 "그녀"로 표상되는 아니마를 회복하고자 하는 갈망을 보여준다. 이 시집의 표제시인 「손전화는 꺼져 있었다」는 아니마로부터 단절된 화자의 불안과 고통을 잘 보여주고 있다.

> 교신 되지 못하는 세상은 캄캄해
> 불통에서 소통을 꺼내
> 온전히 소통되는 그 날
> 너와 나,

물 흐르듯 내통하는 일은
길고 긴 캄캄한 터널을 빠져나온 듯
환하고 시원했다
　―「손전화는 꺼져 있었다」 부분

위의 시에서 화자는 "교신되지 못하는 세상은 캄캄해"라고 외친다. 그것은 곧 소통 단절의 답답함과 괴로움을 토로하는 것이다. 마치 "길고 긴 캄캄한 터널을 빠져나온 듯/ 환하고 시원"한 것이 소통의 기쁨이고 "물 흐르듯 내통하는 일"이야말로 진정한 행복의 실임을 보여준다. 참된 행복은 사람과 사람 사이의 소통에 있다는 것을 이 시는 보여주고 있는 것이다.


4. 중년의 아름다움과 온전한 사랑에의 갈망


중년 이후의 삶이야말로 진정한 삶이라고 한 소노 아야코 여사의 말처럼, 중년의 시기는 인생의 절정기이다. 사회적으로 가장 왕성한 활동의 시기이며 생산성이 가장 고조되는 시기이기도 하다. 남성 속의 여성적 인격을 의미하는 아니마는 남성의 인격이 분화·성숙해 감에 따라 네 단계로 진화한다고 본다. '이브-헬레네-마리아-소피아'가 그것이다. 대지를 상징하는 생산성으로서의 이브의 단계를 거쳐, 미적이고 낭만적인 수준의 헬레네, 그리고 종교적 헌신으로서 영적인 어머니를 의미하는 마리아 단계를 거쳐 연금술의 지혜를 상징하는 소피아의 단계로 발전한다고 본다.

> 아줌마는 청춘이 아니라 누가 말하는가
> 물기 마를 날 없는 앞치마에
> 거친 두 손일지라도
> 바지랑대 같은 가족 사랑에
> 품어내는 그 향기는
> 청춘의 향기보다 더 황홀하다
>
> 엄동설한을 견딘 잘 익은 사랑의 향기
> 그것이
> 아줌마
> 그대가 여전히 꽃인 이유이다
> ―「그대는 여전히 꽃이다」 부분

위의 시에서 화자는 중년 여성의 아름다움을 "청춘의 향기보다 더 황홀하다"고 바라본다. 그것은 "바지랑대 같은 가족 사랑에/ 품어내는 그 향기" 때문이다. 그것이 아름다운 이유는 또한 "엄동설한을 견딘 잘 익은 사랑의 향기"를 지니고 있기 때문이라고 말한다. 화자의 에로스적 미의식의 단계가 대지를 상징하는 생산성으로서의 이브의 단계와 미적이고 낭만적인 수준의 헬레네를 거쳐 종교적 헌신으로서 영적인 어머니를 의미하는 마리아 단계로 나아가고 있음을 알 수 있다. 그것은 다음의 시에서 좀 더 구체적으로 그려지고 있다.

> 택배가 배달되었다
> 네모난 상자에 정성을 담은 스웨터 한 벌
> 그 손길이 겨울 추위를 녹여주고 있었다
> 한 땀 한 땀 코바늘로 뜨고 실꾸리를 당겨가며
> 틈을 메웠을 뽀송뽀송한 온기
> 추운 날 북풍 몰아쳐도
> 포근한 마음에 나는 추위도 잊고 지냈다
> 그해 찬 바람 몹시 불던 겨울
> 스웨터 입고 서울 전철역을 지나는데
> 한 모퉁이에서 떨고 있는 노인
> 종이 상자로 추위를 막고 있었는데
> 바람 불면 날아갈 것같이 가벼워 보였다
> 허름한 옷차림에 심한 기침
> 이곳까지 밀려난 사연 묻지 않기로 했다
> 살갗으로 추위를 견디는 그 남자에게
> 스웨터를 벗어 입혀 주었다
> 포근했던 스웨터 한 벌이지만
> 그녀의 택배 선물이 지구 한 모퉁이에서
> 따스한 화롯불이기를 바랬다
> 얼마 후 출장길에 그곳을 찾았으나
> 그 남자는 보이지 않고
> 빈구석에 또 다른 노인이 그 스웨터를 입고 있었다
> ―「그녀의 선물」 전문

위의 시에서 화자는 정성스럽게 떠서 그녀가 보내온 "선물"인 스웨터를 입고 서울역을 지나다가 "종이상자로 추위를" 견디고 있는 노숙자인 듯한 한 노인에게 그 스웨터를 벗어 입혀준 일을 제시하며 "그녀의 택배 선물"이 "지구 한 모퉁이"에서나마 "따스한 화롯불"이기를 바란다고 말한다. 이러한 사랑은 동양의 문화전통에서는 '관음보살'의 이미지와 닿아 있다. 이처럼 아무런 보상을 바라지 않고 베푸는 사랑이 최고의 사랑일 것이다. 화자가 꿈꾸는 사랑은 결국 보름달처럼 원만한 "온전한 사랑"이다.

> 멈추지 않는 영원한 떠돌이지만
> 바라보는 곳은 늘 한 자리
>
> 상현달
> 달무리 데리고
> 보름달 약속하며 돌아오는 그 날까지
> 지치지 말자 온전한 사랑
>
> 이른둥이도 고사리손 꼭 쥐고
> 동그랗게 눈 떠 웃음 짓고 있으리
> ―「낮달」부분

위의 시에서 화자는 "상현달"의 사랑이 "보름달"이 되어 돌아오는 날까지 지치지 말고 나아가자고 스스로 다짐한다. "멈추지 않는 영원한 떠돌이"이지만 화자가 바라보는 곳은 늘 변치 않는 "한 자리"를 바라보며 살아가는 일인데, 그 목표는 바로 "온전한 사랑"에 이르는 길이다.

 시인 조현광은 탁월한 이미지 조형능력을 바탕으로 봄날의 환희와 가을의 풍요를 노래한다. 고독한 시인의 운명을 감수하겠다는 시인으로서의 확고한 자의식을 바탕으로 쓰는 그의 시는 낭만주의적 동경과 그리움, 아날로그적 정서를 특징으로 한다. 중년의 상실과 단절의 고통을 승화시켜 상처의 극복과 소통에의 갈망을 시적으로 표현하며 나아가 중년의 아름다움과 온전한 사랑에의 희구를 노래한다. 이러한 조현광의 시가 더욱 깊이를 더하여 삶의 상처와 고통을 승화시킨 아름다운 서정시를 보여줌으로써 일상적 삶에 지친 현대인들에게 낭만적 상상과 아날로그적 서정, 시를 통한 위안과 치유의 계기를 제공해주기를 기대한다.

현대시학시인선 089

# 손전화는 꺼져 있었다

| | |
|---|---|
| 초판 1쇄 발행 | 2022년 3월 31일 |

| | |
|---|---|
| 지은이 | 조현광 |
| 발행인 | 전기화 |
| 책임편집 | 서종현 |

| | |
|---|---|
| 발행처 | 현대시학사 |
| 등록일 | 1969년 1월 21일 |
| 등록번호 | 종로 라 00079호 |
| 주소 | 서울시 종로구 계동길 41 |
| 전화 | 02-701-2341 |
| 블로그 | http://blog.daum.net/hdsh69 |
| 이메일 | hdsh69@hanmail.net |
| 배포처 | (주)명문사 02-319-8663 |
| | |
| ISBN | 979-11-92079-16-5 (03810) |

○ 책값은 뒤표지에 있습니다.
○ 이 책의 판권은 지은이와 현대시학사에 있습니다.
  이 책 내용의 전부 또는 일부를 재사용하려면 반드시 양측의 서면 동의를 받아야 합니다.
○ 잘못 만들어진 책은 구입하신 서점에서 교환해드립니다.